おしゃれがもっと楽しくなる

リンク・コーディネートブック

green K

Link coordinate Book

season
scene
relationship

Contents

はじめに　**4**

SS　*Chapter 1*　Spring & Summer　**5**

№1 娘たちと外食／№2 ちょっと特別なショッピング／№3 友達とバーベキュー／№4 元同僚と行くフォーマルなパーティー／№5 仲の良い友達とのショッピング／№6 カジュアルランチ＆ミーティング／№7 いとこの披露宴／№8 ランチ・ミーティング／№9 ご近所さんと気軽なランチ／№10 フォーマルなイベント／№11 友達の家でランチ／№12 後輩の1.5次会／№13 家族で花火大会／№14 友達の絵画展／№15 昔の同僚とお茶

AW　*Chapter 2*　Autumn & Winter　**37**

№16 カジュアルな夜ごはん／№17 ショップのオープニングパーティー／№18 同僚のウェディングパーティー／№19 仕事先での会食／№20 元同僚とのカジュアルパーティー／№21 上司と出席するフォーマルな会食／№22 現代美術展覧会／№23 本格バーベキュー／№24 特別な食事／№25 友人宅でのランチ／№26 記念日の食事／№27 友達と行く美術館／№28 仕事先でのバーベキュー／№29 ご近所さんとのホームパーティー／№30 仕事相手とのカジュアルな忘年会／№31 夫とクリスマスディナー／№32 仲良しとの忘年会

Chapter 3 　K's mousou coordinate
（Kの妄想コーディネート） **72**

№1 同僚とランチミーティング／№2 親友宅でディナー／№3 友人とアウトレットモールへ／№4 友人とカフェランチ／№5 最近知り合った友人とショッピング／№6 制作会社の同僚とランチ／№7 夫とフレンチディナー／№8 友人と古着屋巡り／№9 夫とデパートでショッピング／№10 大先輩の引退パーティー／№11 芸術家の友人の個展／№12 ホテルのラウンジでアフタヌーンティー／№13 夫とフレンチディナー／№14 ママ友と子どもたちとカジュアルレストラン／№15 女子会カフェランチ／№16 夫と夏の海へドライブ／№17 娘と近所に買い物へ／№18 幼馴染みとショッピング／№19 息子とデパートへ／№20 会社帰りに同僚とバーへ／№21 夫と近所のショッピングモールへ／№22 女友達と映画館へ／№23 バーで女子会／№24 同級生のママ友とカジュアルレストラン／№25 夫と演劇鑑賞／№26 ママ友とカフェランチ／№27 女友達と夜の映画館／№28 友人（デザイナー）宅でパーティー／№29 夫と2泊4日海外旅行／№30 女友達と国内旅行／№31 夫と娘とコストコへ／№32 仕事仲間と飲み会／№33 夫と英国展へ／№34 ママ友と近所のパン屋／№35 夫と娘2人とディズニーランド／№36 両親とアウトレットモールへ／№37 友達とクリスマスパーティー／№38 夫とクリスマスディナー／№39 友人達とカウントダウンライブ

あとがき　**113**

はじめに

　この本は「こんな人と、こんな場所で会うのなら、こんなコーディネートはいかがでしょうか」という提案ブックです。考え方の基本はリンク・コーディネート。

　　コンサバな友達と会うのなら……
　　仕事先でのカジュアルなパーティーに出るのなら……
　　家族でイベントに行くのなら…… etc
様々な設定をイメージしてスタイリングの提案をしています。

「相手や場面を意識したおしゃれ」という見方を取り入れて、今までよりも楽しくて新鮮なコーディネートに気づけたらいいな、という期待をこめて。

Chapter 1
SS
Spring & Summer

N° 1_Spring
娘たちと外食

 ● /

娘2人と外食。動きやすさが大前提だけど、おしゃれもしたい。ストラップつきのバッグをクラッチみたいに持ってみると、ちょっと楽しい。**3人で全体のトーンを合わせて。**

My coordinate

Point
【 BAKER PANTS 】

ビッグシルエットの
タートルネックニットは
ベイカーパンツに
合わせて
ラクちんカジュアル。
上下ともに
ボリュームがある
スタイルなので
足首を出して
華奢見せ！

Their coordinate

setting & situation
N° 3

season
Spring

—

scene
Eating out with daughters

Point

【 DOLL 】

いつも
一緒の
ぬいぐるみ
にも
マフラー！

Point

【 SHOULDER BAG 】

大好きなママと
同じペールカラーで
お出かけも
より楽しく！
バッグは何も
入らないけど
ママの真似。

N° 2_Spring
ちょっと特別な ショッピング

義父母の金婚式のお祝品を探しに。色落ちデニムを選んだ夫にはジャケットを羽織ってもらいました。**私は夫の分も上品さを意識。**

My coordinate

Point

【 SHOULDER BAG 】

Chloé faye

チェックのラップスカートには同じトーンのバッグとブーツを合わせてちぐはぐ感を回避。アクセサリーはゴールドで統一して品格を出します。

setting & situation
N° 2

season
Spring

—

scene
Special shopping

His coordinate

Point
【 JACKET 】

いつものスタイルに
ジャケットを
はおって、
色落ちデニムも
アップデート。
上から下に
トーンダウンして
足元は軽く。

N° 3 _Spring
友達とバーベキュー

○ ● ● / ○ ● ●

学生時代の友達とバーベキュー。ちびっこもいるアウトドアなので、**動きやすさ最優先**。深いスリットの入ったキャミワンピース＋レギンスは、カジュアルでもすっきり見せてくれます。

My coordinate

Point

【 CAMISOLE DRESS 】

スリットが入った
キャミワンピースなら
歩幅も気にせず
動きやすい！
春といえど
日焼け対策も
忘れずに、つばが
広いハットを。
子ども達の荷物も
大きなバッグに
ひとまとめ。

setting & situation
N° 3

season
Spring

—

scene
BBQ with school friends

Thier coordinate

Point
【 KNIT 】

汚れても
気にならない服
春らしい薄手の
ブルーニットで
春BBQを
思い切り
楽しむ！
ラフなスタイルでも
きちんとメイクで
おしゃれも
忘れずに。

N° 4_Spring
元同僚と行く
フォーマルなパーティー

●○ / ●○●

昔の同僚と一緒に行くことになったフォーマル・パーティー。**お互いに深いネイビーをドレスコードにして**みました。ドッキングシースルートップスのパンツスタイルで辛口の華やかさを目指します。

My coordinate

Point
【 SEE-THROUGH TOPS 】

上品なバランスを
保てるよう
肌の透け具合
(面積)に注意
すべきところですが
ネイビーなら
安心して
任せられます。

setting & situation
N° 4

season
Spring
—
scene
Formal party with old co-worker

Her coordinate

Point
【 SWING EARRINGS 】

フォーマルパーティーで
個性を出すなら
大ぶりのアクセサリー、
デザイン性が高い
クラッチバッグで
視線を集めて。

N° 5_*Spring*
仲の良い友達とのショッピング

 /

カジュアル好きな友達との久しぶりのショッピング！ サンダルはアースカラー。季節感を意識しつつバッグのバンブーハンドルとイメージを合わせています。気心の知れた相手と会うときは、洋服選びも迷いが出なくて楽しい。

My coordinate

Point
【 HAND BAG 】

GUCCI
Bamboo Bag

持ち手が
自然素材の
ハンドバッグは
ベーシックな
スタイルの
アクセントとして
赤をセレクト。

setting & situation
Nº 5

season
Spring

—

scene
Shopping with close friend

Her coordinate

Point

【 VOLUME SLEEVE KNIT 】

ラフな色落ち
カットオフデニムに
たっぷりした袖の
ショート丈ニットで
しっかり脚長！
腕まくりをして
手首を
華奢見せ。

N° 6_Spring
カジュアルランチ＆ミーティング

○ ● ● / ● ●

おしゃれのアレンジが得意な彼女を見習って、私はカジュアルの定番ボーダーを大人っぽく着ることにトライ。袖丈／スカート丈のバランスも意識しました。

My coordinate

Point

【 BORDER T-SHIRT 】

ボーダーTシャツは
ラインの太さで
印象が大きく
変わるため、
体型コンプレックスに
合わせて選びたい。

setting & situation
N° 6

season
Spring

scene
Casual lunch & meeting

Her coordinate

Point
【 WAIST BAG 】

深いスリットが
入ったニットベストに
2018年の
トレンドである
ウエストバッグで
ベルトマーク。
スポーティーな
イメージが
強いアイテムですが
レザーの
かっちりした
タイプならレディライクに。

N° 7_Spring
いとこの披露宴

いとこの結婚式。異素材コンビのワンピースで。スカート部分はハリのある素材＆太めのタックでふんわり。カラーはシックでもシルエットで華やかさを出しました。

My coordinate

Point

【 FLOWER PRINT DRESS 】

ボリュームのある
ネイビーの
ワンピースは
大胆な花柄を
セレクト。
シルバーの
クラッチバッグと
パンプスが
ドレスを
ひき立てます。

N° 8_Summer
ランチ・ミーティング

○ ● / ● ○ ●

ビジネスでのカジュアルファッションが上手な彼女。私も軽さを意識しつつ、ラフにはならないようロング丈プリーツとヒールを合わせます。

My coordinate

Point
【 PLEATED SKIRT 】

サテンの光沢が
美しいグリーンの
プリーツスカートは
光の当たり方で
生地の表情が
変化して見えて
エレガントさを
ひきたてます。

setting & situation
N° 8

season
Summer

scene
Casual lunch meeting

Her coordinate

Point

【 OPEN-NECKED SHIRT 】

単色＋大きめの
柄が入った
開襟シャツは
パンツスタイルに
合わせると
クールに
着こなせます。

N° 9_Summer
ご近所さんと気軽なランチ

○ ● / ● ● ●

活動的な彼女にならって、私も動きやすいスタイルに。デニムの裾は切りっぱなしですが、全体のサイズ感とネイビー×ホワイトのバランスでだらしなさは回避。

My coordinate

Point

【 SNEAKERS 】

adidas Originals
SUPERSTAR

デニムとスニーカーの鉄板コーデ。ジャストサイズのTシャツにスーパースターは定番のホワイトでクリーンな雰囲気。

setting & situation
N° 9

season
Summer

scene
Casual lunch with neighbor

Her coordinate

Point
【 T-SHIRT 】

お目立ちカラーの
トップスには
淡いカラーを
合わせて
なじませて。
クラッチバッグと
ローファーに
茶系を入れて
ナチュラルに。

N° 10_Summer
フォーマルなイベント

○ ● ● / ○ ○

ハンサムな装いが素敵な仕事先の人に誘ってもらったフォーマル・イベントに出席。私はたっぷりした丈のとろみワンピで。ショートヘアなので甘すぎることにはならないかな……。大きめバッグにはクラッチを入れて。

My coordinate

Point

【 HAND BAG 】
CÉLINE
Big Bag Medium

せっかくの
フォーマルなので
大きめバッグと
いえども
雰囲気を
キープしたい。
ブランドアイコン的な
ものなら、すんなり
まとまりが
つきます。

setting & situation
N° 10

season
Summer

scene
Formal event with colleague

Her coordinate

Point
【 PUMPS 】

ブルーで合わせた
セットアップ風の
コーデに
大ぶりのバングル、
派手柄のクラッチで
手元に華を。
ぱきっとした
イエローの
パンプスで
爽やかな印象。

N° 11_*Summer*
友達の家でランチ

○ ● / ○ ● ●

学生時代の友達の家に昼からお邪魔。彼女はずっと フレンチカジュアル 一筋の人。私はボーダーを入れて マリンテイスト にしました。パンツを太めにしてみたら、けっこう新鮮かも。

My coordinate

Point
【 SHOULDER BAG 】
A.P.C.
Half Moon Thick
Leather Crossbody Bag

かっちりした
レザーの ショルダー
バッグは
どんなスタイルにも
合わせやすいので
ひとつは
持っておきたい。

setting & situation
Nº 11

season
Summer

scene
Lunch at friend's house

Her coordinate

Point
【 BASKET BAG 】

パッと目をひく
ブルーの
ポンポンで
遊び心をプラス。
セットアップ風に
上下で合わせた
ホワイトカラーで
夏全開!

Nº 12_Summer
後輩の1.5次会

○ ● / ○ ●

私は初めて参加する「1.5次会」。ホワイト×ネイビーで爽やかさを、スパンコールで華やかさが出せるといいな、と思いながら。ボトムをパンツにしたことで 1.5次会のカジュアルさもクリアーできたかな……。

My coordinate

Point
【 CHAIN BAG 】

エレガントさと
少しの
カジュアルさを
両立してくれる
優れもの。
長め丈のパンツから
時折のぞく
ペディキュア。
こちらも
"1.5次会"を
意識。

setting & situation
N° 12

season
Summer

scene
1.5th Wedding party

Point

【 WEDDING DRESS 】
− ORGANDIE −

Aラインシルエットの
ドレスなら
小柄な方も
背が高く
見えます。
ふわっとした裾は
優美な雰囲気。

Their coordinate

N° 13_Summer
家族で花火大会

家族で花火大会。虫除けの意味でも、私はシャツを羽織りたい。三人でスニーカーつながり。カラーやデザインは自分の好みで。リンクコーデの王道だけど楽しい。

My coordinate

Point
【 SNEAKERS 】

同じデザインを
探すのが難しいなら
ひとつのアイテムを
同じブランドで
揃えるとGOOD！
それぞれの
個性も出しやすい。

setting & situation
N° 13

season
Summer

scene
Fireworks display with family

Her coordinate

Point
【 SNEAKERS 】

お揃いの
スニーカーで
過ごす家族の
休日。
パパと息子は
デニムも
色違いで
仲良しです。

N° 14_*Summer*
友達の絵画展

● ● ● / ○ ● ●

学生の頃から絵を描いていた友達の記念すべき初グループ展。一緒に行くコは昔から**コンサバなイメージ**だったので、私もミモレ丈のワンピースですっきりと。スカーフバッグとゴールドのサンダルで季節らしさと華やかさをプラスしました。

My coordinate

Point

【 SCARF BAG 】

少々エッジの効いた
ブラックドレスには
バッグに
エレガントな
柄のスカーフを付け
やわらかさと
気品をプラス。

setting & situation
Nº 14

season
Summer
—
scene
The first art exhibition of the friend

Her coordinate

Point
【 NO SLEEVE SHIRT 】

きちんと感を
出すなら
シャツタイプが
オススメ。

バッグと
ワイドパンツは
グレーで
合わせて
ブラックの
パンプスで
全体を
ひきしめます。

N° 15_*Summer*
昔の同僚とお茶

● ○ /

昔の同僚と久しぶりにお茶。ちょっとモードな雰囲気だった彼女をイメージして、私もモノトーンスタイルに。ウエストを大きくマークしたスカートが主役になりました。

My coordinate

Point

【 TRENCH SKIRT 】

パリッとハリのある
トレンチスカートなら
甘くなり過ぎず
適度なモード感を
演出してくれる。

setting & situation
N° 15

season
Summer

scene
Having tea with old co-worker

Her coordinate

Point
【 LEATHER SKIRT 】

レザーの光沢を
主役にするなら
アースカラーで
まとめて
ハードさを
おさえて。

Chapter 2
AW
Autumn & Winter

N° 16_Autumn
カジュアルな夜ごはん

涼しくなってきた秋の夜のごはん。今日会うフリーランスの彼女は、ものすごく**カジュアルで個性派。**私は背中にポイントのあるシャツで、遊びと抜け感が出るよう意識しました。

My coordinate

Point

【 BACK SCHÖN TOPS 】

バックシャントップスは
インナーの背中が
Uラインだと
だらしない印象に…
平行なラインのキャミ
or
完全にインナーを
隠すのがベター。

N° 17_*Autumn*

ショップの オープニングパーティー

● ● / ● ● ●

友達に誘ってもらったアパレルショップのオープニングパーティー。フェミニンな印象の彼女。私は色と素材で**柔らかさとシャープさのバランス**を取ったつもり。

My coordinate

Point

【 JUMP SUIT 】

とろみ感のある
カーキの
ジャンプスーツを
主役に。
他のアイテムは
ブラックで
統一して
赤いネイルで
マニッシュの
なかにも
女性らしさを。

setting & situation
N° 17

season
Autumn

scene
**Party of
the apparel shop**

*Her
coordinate*

Point
【 BLOUSE 】

袖がリボン状の
ペールブルーの
ブラウスを主役に
クラッチバッグは
エメラルドグリーンで
アクセントをつけます。
赤茶のブーツで
秋らしさも
プラス。

N° 18_*Autumn*
同僚のウェディング パーティー

職場結婚の二人のパーティーはにぎやかで楽しくなりそう。マント風トップスはデザイン性の強さが華やかさに結びつき、エレガントさも出してくれる優れもの。

My coordinate

Point

【 CLOAK SLEEVE TOPS 】

袖にスリットが
入ったマント
スリーブの
トップスは
手元の動きを
優雅に
見せてくれます。

setting & situation
N° 18

season
Autumn

scene
**Wedding party
of co-workers**

Their coordinate

Point

【 WEDDING DRESS 】
- NATURAL -

ガーデン
ウェディングを
するなら
着心地の良い
ドレスで
アットホームな
雰囲気！

N° 19_*Autumn*
仕事先での会食

● ● / ● ● ●

少しだけあらたまった仕事先での会食ではジャケット着用。**リクルートっぽくはならないよう、**太めのパンツを合わせました。最低限必要な物（名刺、スマホ、リップ）だけが入るサイズのクラッチを持ちます。

My coordinate

Point

【 WIDE PANTS 】

グレーの
ワイドパンツは
カジュアルにも
フォーマルにも
活躍してくれます。
靴は厚めの
ソールを履いて
スタイルアップ。

N° 20_*Autumn*
元同僚との
カジュアルパーティー

昔の同僚と行く**カジュアルなパーティー**。個性的なおしゃれを楽しむ彼女。私は赤を差し色にソックス＋サンダルで楽しさを出したつもり。

My coordinate

Point

【 SOCKS 】

ちょっと上級者向けに感じられるソックス＋サンダル。足首が華奢に見えるよう意識すればキレイな足元が実現できるかも。

setting & situation
N° 20

season
Autumn

—

scene
Casual party with old co-worker

Her coordinate

Point
【 PUMPS 】

モード色の強い
柄が入った
イエローの
セットアップは
靴にベロアの
素材感を足して
メリハリを
つけます。

N° 21 _Autumn

上司と出席する
フォーマルな会食

フォーマルな会食。同席する彼女のとっておきの一着はシャネル。私も<mark>地味で無難にならないよう</mark>、ノースリーブのシフォンドレスを選んで正解でした。柔らかさと華やかさを保ちつつ、ファークラッチで大胆さを。

My coordinate

Point

【 BLACK DRESS 】

Iラインのシンプルな
ブラックドレスは
小物で印象を
変えられるので
ワードローブに
一着は
持っておきたい。

setting & situation
N° 21

season
Autumn

scene
Formal dinner with the senior

Her coordinate

Point
【 TWEED JACKET 】

女性の憧れ
数々の名言を持つ
ココ・シャネル。
そんな彼女の
こだわりが詰まった
ツイードジャケットは
生涯で
一回くらいは
着てみたい！

N° 22 _Autumn
現代美術展覧会

● ● ● / ● ● ○

楽しみにしていた現代美術の展覧会。夫と二人で**イメージカラーをブラックに。**お互い遊びが感じられるコーディネートを目指しました。

My coordinate

Point

【 SHIRT DRESS 】

マキシ丈の小花柄シャツワンピースにはブラックのタイでひきしめます。フォトジェニックなハンドバッグとブーツの色を合わせてバランスをとりました。

setting & situation
N° 22

season
Autumn

—

scene
Contemporary art exhibition with husband

His coordinate

Point
【 SWEATSHIRT 】

妻のブラック
コーデを
意識して
トレーナーに
スラックスを
合わせて
カジュアルさを
調和!

N° 23_*Autumn*
本格バーベキュー

本格派のいるバーベキュー。働きは彼らに任せてしまおう……。ファーのサボとカットオフデニムでリラックス。アウトドアを満喫します。

My coordinate

Point

【 SABO SHOES 】
STELLA McCARTNEY
CHAIN SABO

厚底のサボは小柄な人には嬉しいアイテム。デニムのブルーとオレンジのコントラストではつらっとした雰囲気に。

setting & situation
N° 23

season
Autumn
—
scene
Friend's BBQ party

N° 24_*Autumn*
特別な食事

学生時代の仲良しに婚約者を紹介されることに！この日の装いを事前に彼女と相談。ビッグシルエットのニットで、可愛らしさとリラックスできる雰囲気を目指しました。**フォーマル感はキープ**したいので、バッグは小さく。

My coordinate

Point

【 OVER SIZE KNIT 】

オーバーサイズの
ボリュームニットは
そのままの丈で
着てしまうと
野暮ったくなりがち。
裾をボトムに
ひっかけるように
インして
こなれ感を。

setting & situation
N° 24

season
Autumn

scene
Special dinner with close friend

Her coordinate

Point

【 ENGAGEMENT RING 】

大きな一粒
ダイヤのリングが
映えるように
全体のトーンを
おさえて。
ヒールが高めの
パンプスで
背筋ものびる!

N° 25_Winter
友人宅でのランチ

● ● ● / ● ○ ●

友人の家でのお気楽ランチ。深いスリットのニットワンピ＋フルレングスのレギンスでゆったり。**シック&モード**が好きな彼女なので、私も甘くないトーンにしました。

My coordinate

Point

【 TOTE BAG 】

MM6
Maison Margiela
Japanese
Large mesh tote

動きやすい
あったかレギンスと
軽量素材の
バッグで
リラックス感を
出したい。

setting & situation
N° 25

season
Winter

scene
Comfortable lunch at friend's house

Her coordinate

Point

【 DRESS SHOES 】

透け感のある
シフォンワンピースに
シルバーの
メタリックシューズを
合わせて
脱ガーリー！
インナーとタイツは
黒で統一して
ワンピースでも
クールな印象。

N° 26_Winter
記念日の食事

仕事終わりに夫と待ち合わせて食事へ。今日は婚姻届を出した二人だけの記念日。個性的なブーツでちょっとだけ特別感を出しました。ブラックをポイントにお互いのトーンを合わせて、楽しい食事になるといいな。

My coordinate

Point
【 BOOTS 】

Maison Margiela
TABI

その名のとおり
トゥが2つに
割れている
フォルムの
ミドル丈ブーツは
一点投入で
スペシャルな
コーデに。

setting & situation
N° 26

season
Winter

scene
**Dinner of
the memorial day**

*His
coordinate*

Point
【 TURTLENECK KNIT 】

会社帰りの
ディナーは
インナーを
タートルネックに
替えて
脱オフィス感。
一気に
休日デート
スタイルに。

N° 27 _Winter
友達と行く美術館

西洋絵画好きな友達と美術館へ。大きめチェックのスカートを主役に、存在感のある素材を組み合わせ、**上品で個性的なスタイル**を目指しました。

My coordinate

Point

【 DRAWSTRING BAG 】

Building Block
Mini Bucket

コンセプチュアル
だけれど
ミニマルな
バッグが
スカートとの
絶妙な
バランスを
とってくれます。

setting & situation
N° 27

season
Winter

scene
**Art museum
western paintings**

*Her
coordinate*

Point

【 RUFFLE DRESS 】

ビッグサイズの
半端丈カーディガンで
ウエストマークして
くびれを作ります。
甘さが出やすい
フリルの面積を
減らすことで
バランスも ◎

N° 28_Winter
仕事先での バーベキュー

/

仕事先の相手とのバーベキューでは**動き回ること前提**のスタイルで。普段からよく身につけている物で臨みたい！

My coordinate

Point
【 SKINNY DENIM 】

ストレッチが
効いている
生地なら
動きやすくて
ショートブーツとの
相性も◎
ダウンジャケットの
フードが
大きめだと
小顔効果も！

setting & situation
N° 28

season
Winter

scene
Business BBQ

Point

【 DENIM SKIRT 】

軽量素材の
ダウンジャケットに
マキシ丈の
デニムスカートを
合わせて。
スカートの下に
レギンスを
履いて
あったかコーデ。

Point

【 MILITARY COAT 】

ワイルドな
印象の
ミリタリーコート。
チェックシャツ
デニムジャケットを
レイヤードして
防寒対策。

Their coordinate

N° 29_Winter
ご近所さんとの
ホームパーティー

● ● ○ / ○ ● ●

ラフで気さくなシルバーマダム。私もホワイトのゆったりシルエットのパンツで、リラックス感と動きやすさを。持ち寄りの料理やカトラリーはトートにまとめて運びます。

My coordinate

Point

【 CANVAS TOTE 】
L.L.Bean

24オンスの
キャンバス地を
使用している
トートバッグは
丈夫な上に
バッグが
自立するため、
料理の
持ち運びにも
便利！

setting & situation
Nº 29

season
Winter

scene
House party with neighbors

Her coordinate

Point

❰ CAMISOLE DRESS ❱

ネイビー×ホワイトの
ドット柄なら
大人が着ると
ほど良く
チャーミングに。
オーバーサイズの
ジャケットで
モード感を
プラス。

N° 30_Winter
仕事相手との
カジュアルな忘年会

仕事関係者とのカジュアルな忘年会。カラフルな服装が多い人たちなので、私もペールピンクのスカートで。年末感を一緒に盛り上げたい。

My coordinate

Point
【 FLARE SKIRT 】

Aラインの
フレアスカートは
普段は選ばない
淡いピンクをセレクト。
ネイビーのトップスと
ブラックタイツで
コーデを
ひきしめます。

setting & situation
N° 30

season
Winter

scene
**Casual
year-end party**

*Her
coordinate*

Point
【 BELTED DRESS 】

ベルトを垂らして
Iラインを強調。
デザイン性が
高いワンピースなら
体型もカバー
してくれます。
特にベルト付は
ウエストが
シェイプされ
脚長効果大！

N° 31 _Winter
夫とクリスマスディナー

休みの日のクリスマスディナー。**お互いブラックが好き。** 夫はブラックの面積を広めに、私は少なく。こういうバランスって落ち着きます。

My coordinate

Point
【 STOLE 】

夫とお揃いで着た
ライダースジャケットに
レオパード柄の
ストールを合わせて
とびっきり
ハンサムに。
ヌードピンクの
ワンピースで
甘辛コーデ。

setting & situation
N° 31

season
Winter

scene
Christmas dinner with husband

His coordinate

Point
〖 RIDERS JACKET 〗

ハンサムな
ワードローブを
持つ妻と
ライダースを
お揃いに。
グレーがかった
ベージュの
ストールで
シックな
装い。

N° 32_Winter
仲良しとの忘年会

○ ● ● / ○ ●

しばしば会っている友達との二人忘年会。デザイン性の高いアイテムが好きな彼女だけれど、**色使いはいつもベーシック**。必ず身につけているホワイトを、今日は私も。

My coordinate

Point

【 CHAIN BAG 】
CHANEL
matelasser

ベーシックな
スタイルには
CHANELの定番
マトラッセの
チェーンバッグで
全身を格上げ！
シルバー金具で
モード感をキープ。

setting & situation
N° 32

season
Winter

scene
Year-end party with close friend

Her coordinate

Point
【 PLEATED SKIRT 】

シャツ素材の
セットアップは
歩く度に
こまかいプリーツが
ひらひらとして
エレガントさを
演出してくれます。

【 友人とSALE中の
アウトレットモールへ 】

試着を考えて
脱着がラクな
スカートに。
スウェットは
ドロップショルダーと
太めのリブで360度
どこから見ても
今風なシルエット。
シフォンスカートの
不規則な柄で
個性を出したい。

K's mousou CD
N° 3

season
Spring

scene
**Outlet mall sale
with friend**

【 友人と カフェランチ 】

クールでロックな
ファッションの
友人に会うなら
このくらい
白黒ついていると
相当ハンサム。
作者は牛革の
ライダースが苦手。
重いし肘が
キツイ人です。
身になじむまで
着る忍耐が
そもそもない。
ラムレザーの
ダブル派！

K's mousou CD
Nº 4

season
Spring
—
scene
**Cafe lunch
with friend**

【最近知り合った
友人とショッピング】

男性と歩く時は
ヘソは出さない方が
絶対に良いでしょう。
アムラー世代ですね？
よくわかります(何が)
このコーデに限り
肌見せがヘルシー。
個性派の友人の
隣に居るなら
こんなスタイルが
いいな——。

K's mousou CD
N° 5

season
Spring

scene
**Shopping with
new friend**

【制作会社の同僚とランチ】

なんとなくラフ
or マニッシュな
イメージがある
制作会社。
カーキのMA-1は
メンズライクに
なりすぎないよう
赤のバレエシューズで
バランスを取りたい。
ジャケットを脱げば
白シャツと
ブラックデニムで
フォーマルな印象に。

K's mousou CD
N° 6

season
Spring

scene
Lunch with co-worker

【 夫とフレンチディナー 】

特別な
雰囲気も出したい
夫との食事。
フリル袖の
トップスは
ウエストインで
脚長効果！
ヘアスタイルを
タイトめに
まとめれば
ボトムスが
奇抜なカラーでも
上品に見えます。

K's mousou CD
N° 7

season
Spring

scene
**French dinner
with husband**

【友人と古着屋巡り】

白のシャツワンピを
一枚でさらっと。
腰に巻いた
Gジャンは
堀り出しものの
ヴィンテージ。
古着好きな
友人との
話のタネに。

K's mousou CD
N° 8

season
Spring

scene
**Checking out
second hand shops
with friend**

【夫とデパートで ショッピング】

白のショート丈
トップスに
ピンクベージュの
ワイドパンツで
フェミニンに。
赤いハンドバッグで
スペシャル感を!

※こんな風に
夫とのデートも
ず——っと
特別で在りたい
独身貴族代表
green K

K's mousou CD
N° 9

season

Spring

—

scene

**Department store
with husband**

【大先輩の引退パーティー】

お世話になった
大先輩の
第2の人生が
もっと楽しく素敵な
ものになりますように
意を込めて
ブラックの
バックシャンドレスを
選びました。
あえての
黒ぶち眼鏡で
ちょこっと
カジュアルダウン。

K's mousou CD
N° 10

season
Summer

scene
Retirement party of the senior

【芸術家の友人の個展】

個展のテーマは海。
テーマに合わせて
鮮やかなブルーの
ノースリーブワンピースを
セレクトしました。
ヘアスタイルは
トップにボリュームを
出してこなれ感を。
スカートの丈は
個人的に
30〜40代は
ヒザ丈までOK！

K's mousou CD
N° 11

season
Summer

scene
Private exhibition of friend

【 ホテルのラウンジで アフタヌーンティー 】

CHANELの
チェーンバッグと
NIKEのスニーカーの
組み合わせは
妙にマッチ。
アフタヌーンティーを
楽しむなら
こんなスタイルを
試してみたい。

K's mousou CD
N° 12

season
Summer

scene
Afternoon tea in the lounge of the hotel

【夫とフレンチディナー】

楽しみにしていた
夫との食事。
細いプリーツは
動く度に揺れ
エレガントさを演出。
余談ですが
男性は揺れる物が
好きらしいです。
本能で。
ピアスやネックレスも
ゆらゆらしていたら
夫もドキドキ!?

日本人はそれ、
必要!!

K's mousou CD
N° 13

season
Summer
—
scene
**French dinner
with husband**

【 ママ友と子どもたちと カジュアルレストラン 】

ママ友からの
急な呼び出し。
家でゆっくりしていて
そのまま来ちゃった—
そんなスタイル。

白×スミクロの
ボタニカル柄が
涼しげです。
ロングワンピースは
スニーカーでも
サマになります。
スニーカーといえば
作者はHYKEと
adidas Originalsの
コラボスニーカーが
お気に入り。

K's mousou CD
N° 14

season
Summer
—
scene
**Casual restaurant
with mom friends
& kids**

【 女子会 カフェランチ 】

一見フォーマルですが
オフショルダーは
ショート丈です。
真夏に黒のロング
スカートはあまり
選ばないかも？
でもでも！
茶レザーとの相性、
すごくイイと思います。
暑くるしくない。
おしゃれな
友人に会うなら
私もこのぐらい
カッコつけたい！

K's mousou CD
Nº 15

season
Summer

scene
**Cafe lunch
'Joshi-kai'**

【夫と夏の海へドライブ】

ボーダーカットソーと
サロペットで
ラクちんスタイル。
ドライブデートは
長時間座るので
シワにならない服を。
厚底のエスパドリーユは
背の高ーいダンナ様なら
履いてもOK?
しかし、これで
スニーカーだと
幼い印象に…。

← 前髪の有無も重要

← やっぱりどこか子どもっぽい

K's mousou CD
N° 16

season
Summer

scene
**Driving
the summer sea
with husband**

【娘と近所に買い物へ】

真夏の日中
近所に買い物へ。
オフショルダーの
トップスは
普段はなかなか
着る機会が
ないけれど
ちょっとそこまで…
なら、トライしやすい。
足首を出して
抜け感をプラス。

K's mousou CD
N° 17

season
Summer

scene
**Shopping
near my house
with daughter**

【幼馴染みと ショッピング】

例えば本屋さんで こんな知的な 雰囲気の女性が いたら、同性でも 見とれてしまうでしょう。 (小説コーナーに 立っていてほしい...)

5分袖の黒シャツに ノースリーブのニットワンピ、 黒ソックスに ローファー。 これらどれかが 丈が違うと 小ダサくなるので ご注意!

K's mousou CD
Nº 18

season
Autumn

scene
Shopping with childhood friend

【息子とデパートへ】

グレーチェックのスカートは
タイトなものやロング丈なら
しゃがんでも安心。
息子とのファッションは
ベース色と
カジュアルさを共有。
シースルーソックスと
サンダルの組み合わせは
春・秋の
楽しみ方のひとつ！

K's mousou CD
N° 19

season
Autumn

—

scene
Department store with son

【 会社帰りに同僚とバーへ 】

テーラードジャケットと
テーパードパンツの
セットアップ。
退社時に
靴を履き替えたい。
STELLA McCARTNEYの
Elisは、
厚底シャークソールの
主張が強いので
全体のカラーを
同じトーンで
統一するのが正解。

K's mousou CD
N° 20

season
Autumn

scene
**Drinking after work
with co-worker**

【夫と近所の ショッピングモールへ】

私に着たくなる赤。

- ボルドー
- ワインレッド
- バーガンディ

アラサー以降、
自動的に
似合ってくる色味です。
バッグはCELINEの
定番、スモールトリオ。
ラージとスモールの違いは
長財布が
入るか、入らないか…です。
私はコンパクトな
財布なので
スモールをゲット。

K's mousou CD
N° 21

season
Autumn

scene
Shopping mall with husband

【女友達と映画館へ】

ロングカーディガンは
ざっくりと編まれている
ボリュームタイプが
オススメです。
もっさりならないよう
明るいブルーの
カットオフデニムで
抜け感を。
ドライブ同様
長時間座る
シーンでは
シワになりにくい
服を選びたい。

K's mousou CD
N° 22

season
Autumn

scene
**Movie theater
with girl friend**

【同級生のママ友と カジュアルレストラン】

インナーの白シャツを
アクセントにした
デニム ON デニム。
私の中では
デニムを楽しむ
最上級コーデ。
長くなりそうな
おしゃべりを
予測して…
ラフなスタイルに。

【 ただ単にデニムONデニムな日 】

K's mousou CD
N° 24
———
season
Autumn
———
scene
**Casual restaurant
with mom friends
(classmate)**

【夫と演劇鑑賞】

ボーイフレンドデニムに
ピンヒール。
これ、女性の特権。
アクセサリーは
華奢なものでまとめて。
若い頃よりも
似合ってきたなーと
思うアイテムって
ありませんか？
ハイヒールとか。

K's mousou CD
N° 25

season
Autumn

scene
**Watching plays
with husband**

【 ママ友と
カフェランチ 】

子どもはダンナに
預けて、たまには
ママ友とおしゃれをして
食事へ行きたい!
…的な。
コーデを
時短するなら
セットアップが
オススメです。
考えすぎずに
カッコ良く
素敵に
着こなせますよー!

K's mousou CD
N° 26

season
Autumn
—
scene
Cafe lunch with
mom friends

【女友達と夜の映画館】

いつデビューしたか忘れましたが...
レイトショーで夜に映画を観に行った時は
"あー。大人になったな"と、カン違いした記憶があります。

白Tシャツにデニム、黒のテーラードジャケットでクールな印象。スニーカーではなくパンプスがポイントです。

K's mousou CD
N° 27

season
Autumn

scene
Late show with girl friend

【友人(デザイナー)宅でパーティー】

ライダースは
あまり他人と
かぶらない
キャメルのダブル。
ワイドパンツを
履くなら
靴はヒールが
高い物を選ぶと
脚が長く&
裾が床に
つきません!

※イラストは
ついちゃってます

K's mousou CD
N° 28

season
Autumn

scene
**Party in fiend's house
(designer)**

【夫と2泊4日 海外旅行】

夫はグランジファッションが女子好き。小物で取り入れがちなレオパード柄は海外なら着る勇気がわいてきます！レオパードにも様々な柄・色がありますが、アウターにするならうるさくない柄、落ちついたトーンの色味をチョイス！その他のアイテムはシンプル・シックに。

アラサーはコッチ

イケイケ…

K's mousou CD
N° 29

season
Winter

scene
Overseas travel of 2 nights & 4 days with husband

【女友達と国内旅行】

一泊二日の
国内旅行！
柄×柄の
上級者コーデ。
丈、素材、パターンの
違い等、すべてが
計算されています。
作者は柄モノを
あまり着ないので
描いて楽しみました。
デートには不向きな
派手コーデも
女友達との
旅行なら
インスタ映え！

K's mousou CD
N° 30

season
Winter

scene
**Domestic trip
with girl friend**

【仕事仲間と飲み会】

ジョブズ的な
スタイルで
失礼します。
オーバーサイズは
あらゆる
コンプレックスを
隠せるので
大好きです。
コートを
新調するなら
ドロップショルダー
タイプがオススメ。
インナーが厚手の
ニットでも
もたつきを
気にしなくてOK
なのでラクです。

K's mousou CD
N° 32

season
Winter

scene
With co-worker drinking party

【夫と英国展へ】

THEブリティッシュな
テーパードパンツ。
チェックも
一歩間違えると
パジャマに
見えてしまうので
気をつけたい。
素材と
シルエットの
選び方が
成功のカギ。

お気に入りの
パジャマ
(腹まき付)

K's mousou CD
N° 33

season
Winter

scene
**British exhibition
with husband**

【ママ友と近所のパン屋】

気の合う
ママ友となら
こんな感じでも。

オトナになっても
好き！という方が
多いピンクは差し色で
使うのがベスト。
濃淡の種類が
あるので
アラサー以降は
落ち着いた
トーンを
選びましょ！

スモーキー　ダスティ　ヌード

そもそも
ピンクの
← アイテムを
持ってない人

K's mousou CD
N° 34

season
Winter

—

scene
Bakery with mom friend

【夫と娘2人とディズニーランド】

ショート丈の
ファーコートは
明るいカラーなら
視線を上に集めて
脚長効果大！
Dr.Martensの
3ホールの
イエローステッチと
コートの色を
合わせました。
(細かっ!!)
アクティヴな日は
絶対的にデニム！
そしてこの
スタイルなら
必然的に
かぶりものが
似合う…ハズ。

K's mousou CD
№ 35

season

Winter

scene

**Disneyland
with husband &
daughters**

【 両親と アウトレットモールへ 】

たまには親孝行
するべきお年頃。
(たまに でいいのか...?)
毎日使うアイテムを
一緒に選んで
プレゼントしたい。

パッと目をひく
デザイン性の
高いアウターは、
一着は
ワードローブに
入れておきたい。
周りとかぶらない
ようにするなら
商品の入替が
スピーディーな
ZARA 推し!

K's mousou CD
N° 36

season
Winter

scene
**Outlet mall
with parents**

【友達と クリスマスパーティー】

クリスマスなので
いつもよりハデに！
ドットで
柄×柄コーデ。
全体のベースは
モノトーンで
袖のグリーンのファーを
差し色にしました。
ファッションにも
楽しい要素を
取り入れたい。

呼んだ？

日本が誇る水玉クイーン

K's mousou CD
N° 37

season
Winter

scene
Christmas party with friends

【友人達と カウントダウンライブ】

音楽好きな仲間と年越し！レザーパンツにファーコートを合わせてロックを意識。おくれ毛を出したヘアスタイルやオレンジリップで女性らしさもきちんと出したい。

※屋内のライブでファーコートは着ていられません。熱気がスゴイ

K's mousou CD
N° 39

season
Winter

scene
Countdown live with fiends

この本の制作BGM

ELLEGARDEN さん
THE PREDATORS さん
the pillows さん

さわおさん、高橋さん
お世話になっております！！

2018年1月某日。一通のメールが届きました。
"本を出しませんか?" と書いてありました。
私は疑いの念などこれっぽっちもなく
返信する前に既に数名の人に
本が出ることを伝えてしまっていました。
なんということでしょう。

「出版が決まったの———!!!」

※訳:突然すみません。まだ正式には
決まっていないのですが、出版のオファーがきたんで
すごく嬉しいです。この喜びをあなたに伝えたいんです。

せっかちで思い込みの激しい私は
周囲を心配させる天才です。(不名誉…)
ここでトーマス・エジソンの名言をひとつ。

「一度歩き出したら、とうてい乗り越えられないと
思える障害物があっても立ち止まってはならない。」

本が完成するまでに色々なことがありました。
その都度、周囲が支えてくれて制作に
集中する時間も確保することができました。

絵は独学です。とにかく描くこととファッションが大好きな
普通の会社員です。基礎も知らないgreen Kの中の
個性を見つけてもらえたことは奇跡といっていいでしょう。

不定期更新ですが、Instagramで
またお会いしましょう。インスタから始まったのです。時代に感謝。

皆様、本当にありがとうございます!

2018年 秋 green K

green K（グリーン ケイ）

北海道在住のフリーランスイラストレーター。
2015年「an・an SPECIAL 恋する血液型」でデビュー。
ファッションイラスト、似顔絵、食べ物、風景などを水彩ペンとマルチライナーペンで描く。雑誌、ミュージシャンのツアーフライヤーやCDジャケット、ラジオ番組のグッズデザイン、ウェブメディアをメインに活動中。
http://Instagram.com/GREENK_JPN

おしゃれがもっと楽しくなる リンク・コーディネートブック

2018年10月15日 第一刷発行

著 者　green K（グリーン ケイ）

ブックデザイン　清水佳子（smz'）
編集　福永恵子（産業編集センター）

発 行　株式会社産業編集センター
　　　〒112-0011 東京都文京区千石4-39-17
　　　TEL 03-5395-6133
　　　FAX 03-5395-5320

印刷・製本　株式会社シナノパブリッシングプレス

ⓒ 2018 green K　Printed in Japan
ISBN978-4-86311-200-1 C0077

本書掲載の写真・イラスト・文章を無断で転記することを禁じます。
乱丁・落丁本はお取り替えいたします。